Inhalt

Teemarkt - Anbieter wollen Zielgruppe verjüngen

Kernthesen

Beitrag

Fallbeispiele

Zahlen und Fakten

Weiterführende Literatur

Impressum

Teemarkt - Anbieter wollen Zielgruppe verjüngen

Markus Hofstetter

Kernthesen

- Während der Absatz von Grün- und Schwarztee in Deutschland steigt, verliert Früchte- und Kräutertee.
- Die Deutschen kaufen ihren Tee am liebsten in Verbrauchermärkten, doch das höchste Umsatzwachstum melden Drogeriemärkte.
- Mit unterschiedlichen Strategien wollen die Teeanbieter in Deutschland ihren Absatz steigern.
- Nachhaltigkeit und Bio spielen im deutschen Teemarkt eine unbedeutende Rolle.

Beitrag

Deutsche trinken am liebsten Grün- und Schwarztee

Der jährliche Pro-Kopf-Getränkeverbrauch in Deutschland liegt seit mehreren Jahren bei rund 740 Liter. Der Anteil von Heiß- und Hausgetränke daran belief sich 2011 auf rund 308 Liter. Davon entfielen 25 Liter auf Schwarzen Tee und 48,6 Liter auf Kräuter- und Früchtetee. Unangefochtener Spitzenreiter bei Heiß- und Hausgetränke ist jedoch Kaffee mit über 151 Liter. (1), [Abb. 1]

Beim Absatz von Grün- und Schwarztee sowie Früchte- und Kräutertee waren 2011 unterschiedliche Entwicklungen feststellbar. So meldete die Wirtschaftsvereinigung Kräuter- und Früchtetee für 2011 einen Absatzrückgang um 4,2 Prozent auf 35 816 Tonnen. Am deutlichsten verloren dabei aromatisierte Kräuter- und Früchteteemischungen, während Biotees zulegten. Bei Grün- und Schwarztee verzeichnete der Deutsche Teeverband dagegen beim Importvolumen ein Plus von sechs Prozent auf 53 768 Tonnen. (2)

2012 wurden neue Höchstwerte bei den Importen von

Grün- und Schwarztee erzielt. Für das erste Halbjahr 2012 meldete das Statistische Bundesamt die Einfuhr von 27 500 Tonnen. Hauptlieferländer waren China mit 5 900 Tonnen und Indien mit 4 200 Tonnen. Die Einfuhr wuchs um fünf Prozent und steht für einen Wert von 76 Millionen Euro. Für Kräuter- und Früchtetee gibt es noch keine Zahlen. (3)

Drogeriemärkte entwickeln sich zu Kompetenzzentren für Tee

Zwischen August 2011 und Juli 2012 setzten Lebensmitteleinzelhandel und Drogeriemärkte knapp 600 Millionen Euro mit Tee um. Dies entspricht einem Plus von 3,9 Prozent gegenüber dem entsprechenden Vorjahreszeitraum. Am stärksten fiel mit sechs Prozent das Wachstum bei Schwarztee aus. Dazu trugen unter anderem neue Convenience-Markenangebote mit Kapseln bei, die vor allem in Single- und Kleinhaushalten immer beliebter werden. Im Segment Kräutertee resultiert das Wachstum vor allem aus höheren Preisen und Markenneueinführungen der zunehmend beliebteren Geschmacksrichtungen Ingwer, Minze und orientalische Gewürzmischungen. Auch Früchtetee stand auf der Gewinnerseite, allerdings war dieser vorwiegend discount- und handelsmarkengetrieben.

Wo kaufen die deutschen Verbraucher ihren Tee? Dank ihrer Angebotsvielfalt bei Tee legten die Verbrauchermärkte überdurchschnittlich zu. Der Absatz erhöhte sich um rund fünf Prozent, der Absatz um drei Prozent. Discounter hielten im Wachstumstempo nur beim Umsatz Schritt. Auch die Drogeriemärkte entwickeln sich zunehmend zu Kompetenzzentren für Tee. Sie erzielten mit über sechs Prozent die höchsten Zuwächse unter den Vertriebsschienen. Ihr Anteil am Gesamtmarkt belief sich auf mehr als elf Prozent. (4), [Abb. 2]

Neue Produkte sollen jüngere Zielgruppe ansprechen

Die Teeanbieter unternehmen große Anstrengungen, um ihren Absatz in Deutschland zu steigern. Sie gehen dabei unterschiedliche Wege. So hat der Schweizer Lebensmittelhersteller Nestlé Anfang November 2012 sein Teeportionssystem Special T auf den deutschen Markt gebracht. Das System war davor bereits in Frankreich, Schweiz, Österreich und den Benelux-Ländern erhältlich. Mit Special T will Nestlé an die Erfolge von Nespresso und Nescafé Dolce Gusto anknüpfen. Die Funktionsweise ist ähnlich. Die Maschine passt Wassertemperatur und Brühzeit der Teesorte an. Die Special T-Maschinen und 25 verschiedene Sorten Tee sollen ausschließlich online verkauft werden. Ein Starterpaket mit Maschine, zwei Tassen und 40 Kapseln wird für 89 Euro angeboten.

Wettbewerber Teekanne will jüngere Verbraucher für Tee begeistern, indem es sein Marketing entsprechend anpasst. Für ihre neuesten Früchteteeprodukte hat der Anbieter aus Düsseldorf für Namen entschieden, die für eine jugendliche Klientel besser klingen als Bezeichnungen wie Ostfriesen- oder Pfefferminztee. So kreierte Teekanne Kleine Sünde, Frecher Flirt, Heiße Liebe oder Pure Lust. Im Trend liegt Teekanne auch mit seinen Ländertees. Die Sorten Türkischer Apfel, Marokkanische Minze, Indischer Chai und Spanische Orange sind laut Nielsen in den vergangenen zwölf Monaten im gesamten Teemarkt am stärksten gewachsen. Der Absatz soll sich mit 92 Prozent fast verdoppelt haben.

Auch die Ostfriesische Tee Gesellschaft (OTG) in Seevetal will mit Exotik beim Verbraucher punkten. Die Absatzsteigerung ihrer Marke Milford in 2011 führt OTG vor allem auf die Neueinführungen Ingwer Pur, Sanddorn-Mango und Sweet Chai zurück. Das Tochterunternehmen der Laurens Spethmann Holding sieht sich auch bei Milford kühl & lecker auf einem guten Weg. Nachdem das mit kaltem Wasser aufgegossene Produkt das Geschäft im Sommer belebt hat, soll es zum Ganzjahresartikel werden. (5), (6)

Nachhaltigkeit und Bio sind keine Themen für deutsche Teetrinker

Während Nachhaltigkeit und Bio für den deutschen Lebensmittelmarkt allgemein immer wichtiger werden, sind diese Themen bei Tee eher Nebensache. Tee aus nachhaltigem Anbau spielt im deutschen Lebensmitteleinzelhandel nur eine geringe Rolle. Das liegt unter anderem daran, dass die deutschen Teeanbieter nur ein Prozent der Welternte abnehmen und ihr Einfluss auf die Produktionsbedingungen damit gering ist. Einer der Vorreiter bei nachhaltigem Tee ist Teekanne. Das Unternehmen arbeitet seit 1996 mit Transfair zusammen und hat zwei Fairtrade-zertifizierte Produkte im Sortiment. Zudem unterstützt Teekanne die Umweltschutzorganisation Rainforest Alliance. Produkte mit Nachhaltigkeits-Zertifikat gibt es bei der OTG und Bünting noch nicht, dafür aber einige Biotees. Beide Hersteller besetzen damit allerdings nur eine Nische, wie Zahlen des Deutschen Teeverbands belegen. Der Anteil an ökologisch erzeugter Ware ist von 2010 auf 2011 von 4,2 Prozent auf 4,6 Prozent gestiegen. (6)

Trends

Bubble-Tea auf dem Vormarsch

Bubble-Tea hat den Geschmack der Jugend getroffen. Die leuchtende Trinkmixtur enthält erdnussgroße Stärkekügelchen von kaugummiartiger Konsistenz, wird auf der Basis von gesüßtem grünen oder schwarzen Tee hergestellt, mit Milch und Fruchtsirup versetzt und mit einem Strohhalm getrunken. Mehrere Franchise-Ketten wie Boobuk, Tea One und Boboq wollen von diesem Trend profitieren. Sie wachsen kräftig, bei Boboq sollen es beispielsweise bis Ende 2012 etwa 150 Läden sein. Schon reagieren die ersten Fast-Food-Anbieter auf den Jugendtrend. So führte McDonald's Mitte Juni 2012 Bubble-Tea in seinen McCafés ein. Wettbewerber und Kaffeefilialisten wie Starbucks beobachten die Entwicklung. Doch es gab bereits Rückschläge. So wird Bubble-Tea als ein Dickmacher angesehen. Kinderärzte, Ernährungsexperten und Verbraucherschützer warnen wegen des hohen Zuckergehalts vor dem Getränk. 0,3 Liter können, je nach Zubereitungsart, 300 bis 550 Kilokalorien enthalten, soviel wie eine kleine Mahlzeit. Zudem hatten Medien Ende August 2012 berichtet, dass Wissenschaftler der Rheinischen-Westfälischen

Technischen Hochschule Aachen in Bubble Tea "giftige Inhaltstoffe" nachgewiesen hätten. Doch eine vom nordrhein-westfälischen Landwirtschaftsministerium angeordnete Schwerpunktuntersuchung gab Entwarnung. Laut den Untersuchungsergebnissen konnten in Bubble-Tea-Kügelchen weder bromierte Biphenyle noch Styrol, Acetophenon oder Phthalate nachgewiesen werden. Zudem fand man keine nennenswerten Gehalte an Schwermetallen oder anderen gegebenenfalls gesundheitsgefährdenden Stoffen. Zunächst brachen die Absatzzahlen ein, doch wie sich Bubble-Tea in Zukunft entwickeln wird, ist noch offen. (7), (8)

Fallbeispiele

Teekanne - erweitert Premium-Range

Mit Sencha Morgenblüte hat Teekanne die Premium-Range selection 1882 im Luxury Bag auf nun 13 Sorten erweitert. Für den besonders milden Grüntee werden hochwertige Rohwaren verarbeitet, verfeinert durch exotisches Fruchtaroma. Der lose Tee in den großvolumigen Luxury Bags ist für eine

Kannenportion dosiert. (9)

Usables - heiße Idee mit kaltem Tee

Usables, ein Düsseldorfer Hersteller von Werbeartikeln, hat einen kalten Tee auf den Markt gebracht. Bei der Zubereitung wird kaltes Wasser direkt über den Beutel gegossen. Nach etwa acht Minuten hat der Tee sein volles Aroma entfaltet und kann getrunken werden. Die Teebeutel mit den Geschmacksrichtungen Kirsche-Cranberry sowie Apfel & Vitamin C sind mit unterschiedlichen Figuren ausgestattet, die zur Befestigung am Glas- oder Tassenrand dienen. Alle Teesorten sind mit einem ungesüßten Fruchtgeschmack versetzt. (10)

Shuyao - Tee für unterwegs

Die Düsseldorfer Shuyao GmbH Tea to go hat mit dem Shuyao Teamaker einen Mehrweg-Thermo-Becher auf den Markt gebracht, der unbegrenzt nutzbar sein soll. Nach Unternehmensangaben kann jede eingefüllte Teeblatt-Portion bis zu viermal am Tag aufgegossen werden, da die Teeblätter erst nach dem zweiten und dritten Aufguss ihren vollen Geschmack entwickeln. Vertriebspartner für den

Außerhausmarkt ist Get Flügge aus Mettmann. (11)

Zahlen & Fakten

Abbildung 1: Getränkeverbrauch in Deutschland - Heiß- und Hausgetränke

Liter pro Kopf	2005	2007	2009	2011*
Bohnenkaffee	145,2	148,2	153,3	151,6
Schwarzer Tee	24,4	23,7	24,4	25
Kräuter-/Früchtetee	52,2	49,1	49,7	48,6
Milch	82,4	83,1	82,6	83
gesamt	304,2	304,4	310	308,2

* vorläufig Quelle: ifo institut Entnommen aus: Food Service, 11/2012, S. 55, (1)

Abbildung 2: Umsatzentwicklung bei Tee in den Einkaufsstätten

	MAT bis KW 31/2011 in Millionen	MAT bis KW 31/2012	Veränd. in Prozent

	Euro		
Verbrauchermärkte insg.	232,52	243,78	4,8
Discounter gesamt	187,08	195,9	4,7
Supermärkte	92,5	91,08	-1,5
Drogeriemärkte	64,11	68,13	6,3
LEH und DM	576,21	598,9	3,9

MAT, rollierendes Jahr August bis Juli Quelle: Nielsen
Entnommen aus: Lebensmittel Zeitung, 39/2012, S. 32, (4)

Weiterführende Literatur

(1) Getränkeverbrauch in Deutschland
aus Food Service Nr. 11 vom 09.11.2012 Seite 055

(2) Früchtetee-Konsum in Deutschland sinkt
aus Lebensmittel Zeitung 32 vom 10.08.2012 Seite 013

(3) Kaffee- und Teeimport wächst
aus Lebensmittel Zeitung 38 vom 21.09.2012 Seite 017

(4) Verbraucher akzeptieren starke Preiserhöhungen
aus Lebensmittel Zeitung 39 vom 28.09.2012 Seite 032

(5) Nestlé: Startet Special T in Deutschland
aus www.lebensmittelzeitung.net vom 01.11.2012

(6) Teestunde mit der Jugend
aus Lebensmittel Zeitung 39 vom 28.09.2012 Seite 030

(7) McDonald's serviert Bubble-Tea
aus Lebensmittel Zeitung 28 vom 13.07.2012 Seite 031

(8) Keine "giftigen Inhaltsstoffe" in Bubble Tea
aus Agra-Europe (AgE), 53. Jahrgang Nr. 40 vom 01.10.2012

(9) Sencha Morgenblüte
aus Food Service Nr. 10 vom 08.10.2012 Seite 056

(10) Beuteltier-Tee
aus gv praxis Nr. 09 vom 14.09.2012 Beilage Ess-Klasse Junior Seite 022

(11) Tee für unterwegs
aus gv praxis Nr. 06 vom 15.06.2012 Seite 060

Impressum

Teemarkt - Anbieter wollen Zielgruppe verjüngen

Bibliografische Information der deutschen Nationalbibliothek

Die Deutsche Nationalbibliothek verzeichnet diese Publikation in der deutschen Nationalbibliografie; detaillierte bibliografische Daten sind im Internet über http://dnb.d-nb.de abrufbar.

ISBN: 978-3-7379-2512-9

© 2015 GBI-Genios Deutsche Wirtschaftsdatenbank GmbH, Freischützstraße 96, 81927 München, www.genios.de

Alle Rechte vorbehalten. Dieses Werk ist einschließlich aller seiner Teile – z.B. Texte, Tabellen und Grafiken - urheberrechtlich geschützt. Jede Verwertung außerhalb der Grenzen des Urheberrechtsgesetzes bedarf der vorherigen Zustimmung des Verlags. Dies gilt insbesondere auch für auszugsweise Nachdrucke, fotomechanische Vervielfältigungen (Fotokopie/Mikroskopie), Übersetzungen, Auswertungen durch Datenbanken oder ähnliche Einrichtungen und die Einspeicherung und Verarbeitung in elektronischen Systemen.